Extra

58 Glossar
60 Register
62 Impressum
➤ **64 Die 10 GU-Erfolgstipps mit der Geling-Garantie für Backen mit dem Brotbackautomaten**

➤ **GU Serviceseiten**

W0322039

Verführerisch duftend und knusprig

Mit einem Brotbackautomaten und unseren erprobten Rezepten kann sich jeder diesen Genuss gönnen. Brotbacken ist einfach und macht Freude. Ob saftiger Buttertoast, süßes Rosinenbrot, gesunde Vollkornbrote oder herzhafte Bauernlaibe, mit dem Brotbackautomaten backen Sie das beste Brot weit und breit. Wer einmal auf den Geschmack gekommen ist, wird zum begeisterten Wiederholungstäter.
Köstliche selbst geformte Brote und Kleingebäck? Kein Problem! Der Brotbackautomat hilft auch hier, und wir zeigen Ihnen genau, wie es am besten klappt. Viel Erfolg und guten Appetit!

Basiswissen Backautomat

Mit dem Brotbackautomaten ist Brotbacken einfach wie noch nie. Sie füllen nur die Zutaten in die Backform, wählen das gewünschte Programm und drücken auf „Start". In etwa drei Stunden haben Sie Ihr erstes selbst gebackenes Brot auf dem Tisch.

Brotbackautomatenkauf

Mittlerweile gibt es eine Vielzahl von Brotbackautomaten, diverse Hersteller bieten in der Regel mehrere Modelle an. Die Preise beginnen bei etwa 40 Euro und gehen bis weit über 100 Euro hoch. Falls Sie nicht gleich hochpreisig einsteigen möchten, sollten Sie auf Sonderaktionen (beispielsweise bei Discountern) achten. Auch ein preisgünstiges Gerät tut unserer Erfahrung nach durchaus seinen Dienst.

Bei der Ausstattung der Brotbackautomaten gibt es keine gravierenden Unterschiede. Die Backform und der Knethaken sind antihaftbeschichtet und lassen sich herausnehmen. Jedem Gerät liegen Messbecher und -löffel bei. Die Geräte unterscheiden sich neben ihrem Preis durch ihre Programmanzahl (Normal, Weißbrot, Schnell, Französisch, Teig, Vollkorn, etc.), der Zeitdauer ihrer Programme (z. B. kann das Teigprogramm 1 Std. 30 Min. oder auch 2 Std. 25 Min. dauern), den Abmessungen ihrer Backform, der Anzahl ihrer Knethaken (bis zu zwei) und der jeweiligen Backformkapazität.

Ideal ist die Größe bis 1000 g, die für zwei bis vier Personen reicht. Für die Rezepte in diesem Küchenratgeber wurden Modelle verschiedener Hersteller benutzt, die Brote mit einem Gewicht von bis zu 1000 g backen.

1 *So appetitlich sieht ein frisch gebackenes Brot aus.*

2 *Backform und Knethaken lassen sich leicht entnehmen.*

Funktion

Brotbackautomaten besitzen eine herausnehmbare Backform. Zum Einfüllen der Backzutaten wird die Form herausgenommen und die Zutaten werden nacheinander hineingegeben. Danach wird die Backform zurück in das Gerät gesetzt, das gewünschte Programm durch Knopfdruck gewählt und nach etwa drei Stunden (Zeit variiert je nach Gerätetyp) können Sie das fertig gebackene Brot entnehmen.

Wer Lust hat, sein Brot auch einmal selber zu kneten, ihm eine andere Form zu geben oder auch mehr Kruste will, nutzt den Brotbackautomat

Brotbackautomat

jederzeit frisches Brot

> Autorin: Ellen A. Harich | Fotos: Michael Brauner

Inhalt

Die Theorie

- **4 Brotbackautomat – Geräte, Programme und Funktion**
- **6 Grundrezept Weißbrot**
- 7 Lockerungsmittel
- 8 Warenkunde: Mehle und Schrot
- 9 Warenkunde: Körner, Sprossen und Gewürze
- **10 Kleine Backschule**

Die Rezepte

10 Hefebrote – lockere, leichte Verführer: bei klassischem Buttertoast, saftigem Tomatenbrot und Brioche bleibt kein Krümel übrig

32 Sauerteigbrote – deftig-kräftige Landbrote, knusprige Franzosen, kerngesunde Vollkornlaibe: hier findet jeder sein Lieblingsbrot

46 Geformte Brote – legen Sie selber Hand an für Brot und Kleingebäck: Bagels, Brötchen, Stangerl schmecken handgemacht noch mal so gut

nur zum Teig herstellen und wählt dann das Teigprogramm. Der Brotbackautomat bereitet den Teig pünktlich vor und zeigt durch einen Signalton an, wann Sie den Teig entnehmen und weiterverarbeiten können. Auch Hefeteige für Kuchen oder Pizza gelingen wunderbar im Brotbackautomat.
Die meisten Geräte besitzen eine Timerfunktion. Sie können beispielsweise den Brotbackautomaten abends befüllen und dann festlegen, wann das Brot fertig gebacken sein soll. Nicht alle Brote können mit Timerfunktion gebacken werden, bei allen Rezepten in diesem Buch ist die Information genannt.

Teigcheck

Schauen Sie öfter während des Knetvorganges in den Backautomaten kurz hinein. So bekommen Sie ein Gefühl für die richtige Teigkonsistenz. Tupfen Sie mit dem Finger auf die Teigoberfläche, um die Elastizität des Teiges kennen zu lernen. Ein zu trocken geführter Teig ergibt ein festeres Brot. Dagegen führt ein weicherer Teig zu einem lockeren Brot. Ist er aber zu feucht, fällt das Brot ein. Das ist bei Vollkornbroten manchmal unvermeidlich, da Vollkornmehle und Schrot den Teig zu schwer machen. Der Teigcheck bei der Zubereitung des Teiges ist unerlässlich. Mehl ist nämlich nicht gleich Mehl. Je nach Beschaffenheit muss mehr oder weniger Wasser hinzugefügt werden. Oft reicht es aus, während der ersten Knetphase nach etwa 5–10 Min. esslöffelweise Weizenmehl (Teig zu feucht, Rührschaufel sirrt viel zu schnell) oder Wasser (Teig zu trocken, jammerndes Rührgeräusch) hinzuzufügen, bis Sie einen optimalen elastisch glänzenden Teig erhalten. Auf das Rührgeräusch achten!

Experimentieren Sie!

Wenn Sie mit dem Brotbackautomaten vertraut sind, können Sie Ihre ganz persönlichen Brotspezialitäten kreieren. Beispielsweise indem Sie Wasser durch Orangen-,

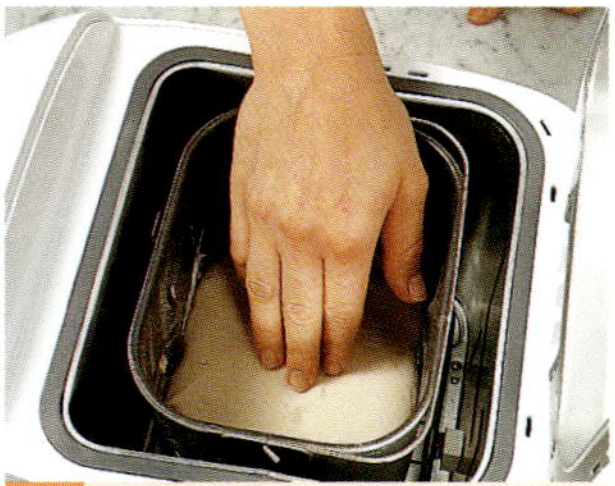

3 *Der Teigcheck zur Überprüfung der Konsistenz ist unerlässlich.*

Apfelsaft oder Bier ersetzen. Kleinere Mehlmengen können durch Kamut, Hirse, Gerste, Amaranth, Quinoa u. a. ersetzt (nicht mehr als 50–100 g) werden.

Brotkruste

Wie hell oder dunkel die Brotkruste werden soll, kann mittlerweile bei fast allen Brotbackautomaten vorgewählt werden. Die dunklere Kruste wird durch eine höhere Backtemperatur erreicht. Da jeder Brotbackautomat leicht andere Backergebnisse liefert, kann hier keine allgemeine Empfehlung gegeben werden. Hier hilft nur eigenes Ausprobieren.

Grundrezept

Bevor Sie starten

Machen Sie sich gründlich mit Ihrem Brotbackautomaten vertraut. Lesen Sie aufmerksam die Betriebsanleitung und beachten Sie die Hinweise des Herstellers, was vor der ersten Benutzung zu beachten ist. Dann legen Sie sich zurecht, was Sie zum Brotbacken brauchen: ein Messbecher für die Flüssigkeit und eine gute exakte Küchenwaage sind unverzichtbar. Alles andere findet sich in jeder Küche.

Weißbrot

FÜR 1 BROT

➤ **350 ml Wasser oder Milch**
1 1/2 TL Salz
450 g Weizenmehl Type 550
1 1/2 TL Trockenhefe

Zubereitung: 10 Min.
Einstellung: Weißbrot
Timer: möglich

TIPP

Varianten

Weißbrotteig können Sie auf vielerlei Arten variieren. Bei allen Beimischungen ist etwas ganz wichtig: Die Teigkonsistenz darf dadurch nicht verändert sein, beispielsweise durch feuchte Zutaten (wie Zwiebeln, Kräuer oder Speck), dann besser noch etwas Mehl dazugeben.

1 *Flüssigkeit abmessen, Mehl wiegen und sieben. Gesiebtes Mehl ist lockerer und verbindet sich besser. Salz und Hefe abmessen.*

2 *Zuerst die Flüssigkeit, dann Salz, Mehl und Hefe in der angegebenen Reihenfolge in die Backform geben. Bitte die Bedienungsanleitung des Gerätes beachten.*

3 *Nehmen Sie die Backform aus dem Automaten heraus. Nach 10 Min. das Brot auf einen Rost stürzen. Lassen Sie es ganz auskühlen, bevor Sie es anschneiden.*

4 *Weißbrotteig kann auf vielerlei Arten variiert werden: mit Brotgewürz, Räucherspeck, leicht braun gedünsteten Zwiebeln, Kräutern, Körnern. Mehr dazu im Tipp!*

Lockerungsmittel

Hefe: Im Handel gibt es Frisch- und Trockenhefe. Trockenhefe ist im Gegensatz zur Frischhefe leicht zu bevorraten, kostengünstig und im Gefrierfach über längere Zeit lagerfähig. Trockenhefe ist daher für den Brotbackautomaten ideal. 7 g Trockenhefe entsprechen 25 g Frischhefe.
Hefe besteht aus Mikroorganismen, genauer gesagt Pilzzellen. Zum Vermehren und zum Wachsen braucht Hefe Luft, Feuchtigkeit, Wärme und Nahrung (z.B. in Form von Mehl).
Hefe wandelt Kohlenhydrate (Mehl, Zucker) in Alkohol und Kohlensäure um und lockert so den Teig. Die optimale Verarbeitungstemperatur für Hefe liegt bei 37°. Achten Sie darauf, die Hefe im Backautomat immer als letzte Zutat in die Backform zu geben.

Sauerteig: Sauerteig ist ein klassisches Lockerungsmittel für Brot. Vor allem Brote und Brötchen aus Roggenmehl brauchen die Sauerteigzugabe, um locker zu werden.
Für Anfänger und gelegentliche Brotbäcker ist es am einfachsten, den im Handel erhältlichen Fertigsauerteig zu kaufen. Sauerteig ist flüssig in 150-g-Beuteln oder in Pulverform (250-g- oder 1000-g-Packung) erhältlich. Für die Rezepte in diesem Buch wurde meistens Sauerteigpulver verwendet. Wer statt dessen lieber Flüssigsauerteig verwenden möchte, reduziert die Wassermenge um etwa so viel, wie der zugegebene Flüssigsauerteig wiegt. Unbedingt Teigcheck durchführen!

Milch und Ei: Milch bewirkt ebenfalls eine bessere Teiglockerung. Die Krume des Brotes wird feinporiger und zarter, bleibt länger frisch (durch den Fettgehalt der Milch) und das Brot bräunt stärker. Ideal ist Magermilchpulver, es hat die gleichen teigverbessernden Eigenschaften wie Milch, aber nicht deren Fettgehalt.
Eier geben dem Brot Farbe, Geschmack und lockern den Teig. Sowohl ganze Eier als auch nur das Eigelb bewirken, dass sich der Teig besser verarbeiten lässt und das Brot länger frisch bleibt.
1 Ei kann durch etwa 50 ml Wasser ersetzt werden.
Bei der Verarbeitung von Milch und/oder Ei im Teig müssen Sie auf den Einsatz des Timers verzichten, weil der Teig so leichter verderblich ist.

Mehle und Schrot

Weizenmehl: Weizen besitzt durch seinen hohen Klebergehalt die besten Backeigenschaften. Je höher die Mehltype, desto höher ist der Nährstoff- und Ballaststoffgehalt. Im Handel: Type 405, 550, 812, 1050 und 1700 (Vollkornmehl 90 %).

Dinkelmehl: Dinkel gehört zur Weizenfamilie und enthält auch den für das Backen so wichtigen Kleber. Wird Dinkel unreif geerntet und getrocknet, kommt er unter dem Begriff Grünkern in den Handel. Es gibt folgende Typen: Type 630, 812 und 1050.

Roggenmehl: Roggenstärke kann nur mit Hilfe von Sauerteig aufgeschlossen werden. Roggen hat einen geringen Klebergehalt und wird deshalb meist mit Weizenmehl vermischt. Im Handel: Type 815, 997, 1150, 1370 und 1800 (Vollkornmehl 95%).

Vollkornmehle: Diese Mehle haben keine Typenbezeichnung, da sie die gesamten Bestandteile der Körner enthalten. Je feiner das Vollkornmehl gemahlen ist, um so lockerer wird der Teig.

Vollkornschrot: Es gibt Weizenbackschrot und Schrotmischungen (Sechs- und Vierkornschrot) im Naturkostladen oder Reformhaus zu kaufen. Grober Schrot ergibt nur eine geringe Teigbindung und führt zu schweren Teigen.

Mais, Kamut, Einkorn, Quinoa, Amaranth: Diese Mehle können nur in kleinen Mengen (50–100 g) gegen Weizenmehl ausgetauscht werden, da sie meist nur einen geringen Klebergehalt aufweisen.

Körner, Sprossen und Gewürze

Körner wie Sonnenblumenkerne, Kürbiskerne, Hanfsamen, Buchweizen, Sojakerne und Flohsamen sind beliebte Brotzutaten. Sie schmecken gut und sind als Ballaststoffe wichtig für die Verdauung. Der Geschmack verstärkt sich durch leichtes Rösten.

Leinsamen entziehen dem Teig viel Wasser. Wenn Sie viel Leinsamen zugeben, sollten sie diese mit der gleichen Gewichtsmenge Wasser einweichen, um trockenes Gebäck zu vermeiden. Teigcheck! Die Feuchtigkeit wird später an das Brot abgegeben.

Sprossen egal welcher Art schmecken prima im Brot. Die Geschmacksrichtungen reichen von nussig, mild-aromatisch bis würzig-pikant. Sprossen können selbst gezogen werden, sind aber auch in gut sortierten Supermärkten und Bioläden erhältlich.

Brotgewürze: Fenchel, Koriander, Kümmel, Anis, Kreuzkümmel, Pfeffer, Kräuter der Provence, Thymian, Majoran und Steinklee sind Brotgewürze. Am besten frisch oder frisch gemahlen verwenden.

Kräuter: Je nach Saison können Sie dem Brotteig auch frische Gartenkräuter beigeben. Wichtig: Die Teigkonsistenz darf sich dadurch nicht wesentlich verändern, sonst ist das Backergebnis gefährdet.

Salz: Vergessen Sie beim Brotbacken nicht das Salz, diese wenigen Körnchen geben dem Brot Geschmack und wirken darüber hinaus gärhemmend. So beeinflusst Salz positiv die Formbarkeit und die Stabilität des Teiges.

Bäckerlatein

Beim kompletten Backen im Brotbackautomat müssen Sie sich um nichts kümmern. Wenn Sie Ihr Brot jedoch auch einmal selbst formen möchten, sollten Sie einige Fachausdrücke aus der Bäckersprache, die in unseren Rezepten verwendet werden, kennen.

Stückgare

Mit wachsender Erfahrung im Brotbacken ist es wesentlich, den richtigen Zeitpunkt der Stückgare beurteilen zu können. Nur so ist beim anschließenden Backen im Ofen ein optimales Backergebnis möglich. Drücken Sie zwei Finger in den Teig: wenn die Stückgare abgeschlossen ist, wird der Teig nicht zurückspringen, d. h. die Vertiefungen bleiben bestehen. Dann hat der Teig seine optimale Reife überschritten. Spürt man dagegen einen starken Widerstand und die Delle im Teig verschwindet nach kurzer Zeit, ist er noch nicht ganz ausgereift.
Damit ihr Gebäck optimal wird, sollten Sie versuchen, die zwischen diesen beiden beschriebenen Teigproben liegende optimale Teigreife (die sogenannte Drei-Viertel-Gare) zu erreichen.
Wenn Sie Ihren Teig vergessen haben, ist nicht alles verloren. Kneten Sie ihn gründlich durch und lassen Sie ihn erneut gehen. Nach 30–40 Min. das Brot wie gewohnt backen.
Ohne dieses erneute Zusammenkneten würde der Teig im Ofen völlig zusammenfallen.

1 *Um die Teigreife zu prüfen, mit zwei Fingern hineindrücken.*

Teigruhe

Nach jedem Knetvorgang braucht der Teig Ruhe, damit das Klebereiweiß entspannen kann und der Teig wieder elastisch wird. Decken Sie die Oberfläche des Teigs ab, damit er nicht auskühlt oder austrocknet. Ohne Teigruhe verarbeitete Teige sehen rissig aus und haben keine ansprechende Form.

Ofentrieb

In der ersten Phase des Backprozesses erfolgt der sogenannte Ofentrieb: bei Temperaturen von etwa 50° produziert die Hefe verstärkt Gärgase, die sich durch die Wärme zusätzlich ausdehnen. Der Teigling gibt dem steigenden Innendruck nach und vergrößert sich optisch um mehr als ein Drittel. Damit Brote nicht unkontrolliert reißen, sollten sie vor dem Einschieben in den Ofen mit Wasser bestrichen werden. Die Oberfläche danach mit einem scharfen Messer einschneiden.

Langstoßen

Der rundgewirkte Teig (siehe gegenüberliegende Seite) wird nach 5 Min. Teigruhe zu einer länglichen Rolle geformt.

Rundwirken

Durch Rundwirken wird die Porigkeit des Teiges erhöht, d. h. der Teig wird lockerer. Gleichzeitig erhält der Teigling eine geschlossene, glatte, pralle Außenhaut. Nur rundgewirkte Teiglinge gehen gleichmäßig auf und führen zu einer optimalen Form. Zum Rundwirken den Teig auf eine leicht bemehlte Fläche legen. Mit den Händen den Teig immer nur kurz und schnell berühren, sonst klebt er. So lässt sich eine übermäßige Mehlzugabe, durch die der Teig zu trocken würde, vermeiden. Immer die Hände mit Mehl bestäuben.
Beim Herumdrehen sollte der Teig eine gleichmäßige Oberflächenspannung aufweisen. Wenn Brot oder Brötchen im Ofen gebacken werden sollen, ist dies wichtig für eine gleichmäßig pralle runde Form. Durch das fachgerechte Rundwirken wird gewährleistet, dass auch nachträglich zugegebene Zutaten wie z. B. Nüsse, Samen oder Schinken gleichmäßig eingearbeitet werden.

Teig falten

1

Den Teig auf die bemehlte Arbeitsfläche legen. Stellen Sie sich das Zifferblatt einer Uhr vor, fassen den Teig auf 12 Uhr und falten ihn zu sich her.

Teig drücken

2

Die Hände leicht bemehlen. Den Teig herunterdrücken und mit dem Handballen etwas von sich wegschieben.

Teig durchwirken

3

Den Teig um eine Viertelumdrehung weiterdrehen und wieder herunterdrücken und etwas wegstoßen. Dies mehrmals wiederholen, bis der Teig gleichmäßig durchgewirkt ist.

Brotlaib formen

4

Mit dem Teigschluss nach oben kommt der Brotlaib dann in ein mit Mehl bestäubtes Gärkörbchen. Mit dem Teigschluss nach unten auf ein Backblech oder in eine gefettete Backform.

Hefebrote

Brote aus Hefeteig schmecken unvergleich gut, sie haben eine feine Krume, sind leicht und locker gebacken und passen zu 1000 und einer Gelegenheit. Egal ob mit süßen Zusätzen oder etwas pikant: der Hefeteig passt sich allem an. Hefebrote am besten frisch genießen!

13 Kartoffelbrot
13 Buttertoast
14 Kräuterbutterbrot
14 Sprossenbrot
16 Buchweizen-Sonnenblumen-Brot
16 Dinkel-Quark-Brot
18 Thalhausener Jägerbrot
18 Sandwichbrot
20 Hüttenkäse-Mais-Brot
20 Fetabrot mit Oliven
23 Räucherlachsbrot
23 Italienisches Tomatenbrot
24 Schmand-Körnerbrot
24 Kürbisbrot
24 Halloween-Kürbisbrot
26 Rosinenbrot
26 Dattelbrot mit Rosinen
29 Müslibrot
29 Aprikosenbrot
30 Joghurt-Bananen-Brot
30 Brioche

Blitzrezepte

Kartoffelbrot

FÜR 1 BROT

- **2 TL Salz | 2 EL Zucker | 3 EL Magermilchpulver | 40 g weiche Butter 50 g Kartoffelpüree (Instantflocken) 550 g Weizenmehl Type 550 1 1/2 TL Trockenhefe**
- Einstellung: Weißbrot
- Timer: möglich

1 | 400 ml Wasser und die restlichen Zutaten in die Backform geben. Bitte die Bedienungsanleitung des Gerätes beachten.

Variante: Für **Schinkenbrot** dem Grundteig 100 g Schinkenwürfel oder geräucherten gewürfelten Bauchspeck, 1 TL Brotgewürz, 80 g Sonnenblumenkerne und 2 EL Wasser hinzufügen.

Buttertoast

FÜR 1 BROT

- **2 TL Salz | 450 g Weizenmehl Type 550 1 TL Zucker | 50 g weiche Butter 1 1/2 TL Trockenhefe**
- Einstellung: Normal oder Weißbrot
- Timer: möglich

1 | 320 ml Wasser und die restlichen Zutaten in die Backform geben. Bitte die Bedienungsanleitung des Gerätes beachten.

Variante: Das Brot in einer gefetteten Kastenform backen. Teig entnehmen, kneten und langstoßen auf 30 cm Länge. In 3 gleiche Stücke teilen, quer nebeneinander in die Form setzen. Ofen auf 175° (Umluft 160°) vorheizen. Brot 40 Min. ruhen lassen, dann mit Wasser bestreichen. 25–30 Min. (1. Schiene v. u.) backen.

gelingt leicht

Kräuterbutterbrot

FÜR 1 BROT

- 1 TL Salz
  50 g weiche Kräuterbutter
  100 g Frischkäse mit Kräutern
  450 g Weizenmehl Type 550
  2 TL Trockenhefe

Zubereitung: 15 Min.
Einstellung: Normal

Timer: möglich

- Bei 10 Scheiben pro Scheibe ca.: 220 kcal

1 | 320 ml Wasser sowie die restlichen Zutaten in der angegebenen Reihenfolge in die Backform geben. Bitte die Bedienungsanleitung des Gerätes beachten.

- Dazu passen gekochter Schinken oder Räucherlachs.

- Variante

Partybrötchen

Backen sie kleine Partybrötchen aus dem Teig. Formen Sie sie halb so groß wie normale Brötchen

fürs Picknick

Sprossenbrot

FÜR 1 BROT

- 2 TL Salz
  50 ml Olivenöl
  40 ml Essig
  Pfeffer, frisch gemahlen
  450 g Weizenmehl Type 1050
  1 1/2 TL Trockenhefe
  100 g Sprossenmix

Zubereitung: 15 Min.
Einstellung: Weißbrot oder Normal

Timer: möglich

- Bei 10 Scheiben pro Scheibe ca.: 190 kcal

1 | 350 ml Wasser sowie die restlichen Zutaten bis auf das Sprossenmix in der angegebenen Reihenfolge in die Backform geben. Bitte die Bedienungsanleitung des Gerätes beachten.

2 | 30 Min. nach dem Start bzw. nach dem Signalton das Sprossenmix in die Backform geben.

TIPP

Sprossen selber ziehen

Es ist leicht, sich seine Lieblingssprossen selbst zu ziehen. Die dafür notwendigen keimfähigen Samen und Samenmischungen am besten im Reformhaus oder Bioladen kaufen. Dort können Sie sich auch genau beraten lassen. Samen müssen 4–6 Std., Körner 12–15 Std. eingeweicht werden. Die Samenkörner werden dann in ein Glas oder eine Keimschale (ideal sind spezielle Keimboxen) gelegt. Das Glas höchstens zu einem Viertel füllen, damit die Samen genügend Licht und Luft bekommen. Die Sprossen zweimal am Tag mit frischem Wasser durchspülen. Nach einem Tag zeigen sich die ersten Sprossenspitzen. Erst wenn die Keime eine bestimmte Länge haben, sind sie reif. Beispielsweise hat Alfalfa eine Keimzeit von 4–6 Tagen, Kresse 7 Tage, Rettich 3–4 Tage usw.

im Bild vorne: **Sprossenbrot** *im Bild hinten:* **Partybrötchen (Variante)**

herzhaft nussig

Buchweizen-Sonnenblumen-Brot

FÜR 1 BROT

- **80 g Buchweizen**
- **40 g Sonnenblumenkerne**
- **1 1/2 TL Salz**
- **1–2 EL Honig**
- **460 g Weizenmehl Type 1050**
- **1 1/2 TL Trockenhefe**

Zubereitung: 15 Min.
Einstellung: Normal
Timer: möglich
Bei 10 Scheiben pro Scheibe ca.: 210 kcal

1 | Buchweizen in einer Pfanne ohne Fett hellbraun rösten. Abkühlen lassen, dann im Blitzhacker schroten. Sonnenblumenkerne nach Belieben rösten, um den Geschmack zu intensivieren.

2 | 320 ml Wasser sowie die Zutaten in der Reihenfolge Salz, Honig, Sonnenblumenkerne, Buchweizen, Mehl und Hefe in die Backform geben. Bitte die Bedienungsanleitung des Gerätes beachten.

gelingt leicht

Dinkel-Quark-Brot

FÜR 1 BROT

- **1 TL Salz**
- **250 g Quark**
- **3 EL Sonnenblumenöl**
- **200 g Dinkelvollkornmehl**
- **300 g Weizenmehl Type 1050**
- **1 1/2 TL Trockenhefe**

Zubereitung: 15 Min.
Einstellung: Normal
Timer: möglich
Bei 10 Scheiben pro Scheibe ca.: 220 kcal

1 | 230 ml Wasser sowie die übrigen Zutaten in der angegebenen Reihenfolge in die Backform geben. Bitte die Bedienungsanleitung des Gerätes beachten.

TIPP

Das Brot geht wegen des Vollkornanteils nicht so hoch auf, ist aber dadurch auch saftig und sehr lecker. Zu diesem Brot passen eine Käseplatte, aber auch geräucherter Lachs und Meerrettich-Frischkäse sehr gut.

Variante:

Brotwaffeln

Bereiten Sie den Teig zu (Einstellung: Teigprogramm). Nach Belieben können Sie 3 TL Brotgewürz oder auch 80 g Sesam dazugeben. Den Teig nach dem Signalton entnehmen und portionsweise im Waffeleisen backen.

Die knusprigen Waffeln können Sie mehrere Tage in einer verschlossenen Blechdose aufbewahren.

im Bild vorne: **Dinkel-Quark-Brot** *im Bild hinten:* **Buchweizen-Sonnenblumen-Brot**

für Gäste | pikant

Thalhausener Jägerbrot

FÜR 1 BROT

- **2 TL Salz**
- **3 EL Ajvar**
- **2 TL zerstoßene rote Chilischoten**
- **50 g Sonnenblumenkerne**
- **50 g Schmand oder Crème fraîche**
- **480 g Weizenmehl Type 1050**
- **1 TL Trockenhefe**

Zubereitung: 15 Min.
Einstellung: Normal
Timer: möglich
Bei 10 Scheiben pro Scheibe ca.: 200 kcal

1 | 300 ml Wasser sowie die restlichen Zutaten in der angegebenen Reihenfolge in die Backform geben. Bitte die Bedienungsanleitung des Gerätes beachten.

Passt hervorragend zu Gulaschsuppe oder einer zünftigen Brotzeit mit Leberkäse.

zum Mitnehmen

Sandwichbrot

FÜR 1 BROT

- **1 TL Salz**
- **3 EL Senf (süß oder scharf)**
- **1 TL grüne Pfefferkörner**
- **450 g Weizenmehl Type 550**
- **1 1/2 TL Trockenhefe**
- **1 EL Kümmel (nach Belieben)**

Zubereitung: 15 Min.
Einstellung: Weißbrot oder Normal
Timer: möglich
Bei 10 Scheiben pro Scheibe ca.: 160 kcal

1 | 350 ml Wasser sowie die restlichen Zutaten in der angegebenen Reihenfolge in die Backform geben. Bitte die Bedienungsanleitung des Gerätes beachten.

Klassisches Club Sandwich

Brot in Scheiben schneiden, toasten und abkühlen lassen. 1 Scheibe Toast mit Mayonnaise bestreichen, mit Hühner- oder Truthahnbrustaufschnitt belegen, Salatblätter darauf geben. Nächste Scheibe Toast mit Mayonnaise bestreichen, auf den Salat legen. Baconscheiben knusprig braten, auf Küchenpapier abtropfen lassen und auf den Toast geben. Mit Tomaten- und Gurkenscheiben belegen, mit einer dritten Scheibe Toast bedecken, Sandwich diagonal durchschneiden und servieren.

Variante:

Wursthörnchen

Für 16 Hörnchen aus dem Teig 2 Kugeln formen, 5 Min. ruhen lassen. Blech mit Backpapier auslegen. Ofen auf 200° vorheizen. Teig zu 2 Kreisen (je 30 cm ∅) ausrollen. Jeden Kreis achteln und die Dreiecke etwas größer ausrollen. Je 1 Wiener Würstchen auf die breite Seite legen und den Teig zu einem Hörnchen aufwickeln. Dabei das dünne Ende gespannt halten und unter leichtem Gegenzug vom breiten Ende her aufrollen. Auf das Blech legen, 20 Min. ruhen lassen. Mit Eigelb bestreichen und in 20–25 Min. (Mitte, Umluft 180°) goldbraun backen.

im Bild vorne: **Thalhausener Jägerbrot** *im Bild hinten:* **Sandwichbrot**

fürs Büfett

Hüttenkäse-Mais-Brot

FÜR 1 BROT

- **1 kleines Stück rote Paprika (ca. 30 g)**
- **100 g Hüttenkäse**
- **80 g Maiskörner (aus der Dose)**
- **1 EL Kapern**
- **2 TL Salz**
- **470 g Weizenmehl Type 1050**
- **1 1/2 TL Trockenhefe**

Zubereitung: 20 Min.
Einstellung: Normal
Timer: möglich

- Bei 10 Scheiben pro Scheibe ca.: 170 kcal

1 | Paprika putzen, waschen und klein würfeln. 250 ml Wasser und die Zutaten in der Reihenfolge Hüttenkäse, Mais, Paprika, Kapern, Salz, Mehl und Hefe in die Backform geben. Bitte die Bedienungsanleitung des Gerätes beachten.

- Resteverwertung: Aus den übrig gebliebenen Resten einen Salat zubereiten. Die restliche rote Paprika putzen, waschen und klein würfeln. 1 kleine Zwiebel schälen und in kleine Würfel schneiden. Paprika und Zwiebel mit 100 g Hüttenkäse und den übrigen Maiskörner aus der Dose (etwa 200 g) mischen. Mit 2 EL Essig, Pfeffer und Salz abschmecken, Salat gut 30 Min. durchziehen lassen.

mediterran

Fetabrot mit Oliven

FÜR 1 BROT

- **50 g schwarze Oliven ohne Stein**
- **75 g Feta**
- **2 EL Olivenöl**
- **1 EL Kräuter der Provence**
- **1 TL Salz**
- **450 g Weizenmehl Type 550**
- **1 1/2 TL Trockenhefe**

Zubereitung: 20 Min.
Einstellung: Weißbrot
Timer: möglich

- Bei 10 Scheiben pro Scheibe ca.: 190 kcal

1 | Oliven halbieren. Feta klein würfeln. 280 ml Wasser und die Zutaten in der Reihenfolge Olivenöl, Kräuter, Feta, Oliven, Salz, Mehl und Hefe in die Backform geben. Bitte die Bedienungsanleitung des Gerätes beachten.

- Dazu schmecken ein griechischer Salat und ein Glas Retsina.

- Variante:

Fladenbrot

Teig zubereiten (Einstellung: Teigprogramm). Nach dem Signalton den Teig herausnehmen. Rundwirken, kurz ruhen lassen. Backblech mit Backpapier auslegen. Den Teig zu einem Fladen (35 cm ∅) formen und auf das Blech legen. Backofen auf 220° vorheizen. 30 Min. ruhen lassen. Den Fladen kurz vor dem Backen mit einer Gabel mehrmals einstechen. Im Ofen (Mitte, Umluft 200°) in 15–20 Min. goldgelb backen. Herausnehmen, mit Olivenöl oder Knoblauchbutter bestreichen und mit Kräutern der Provence bestreuen.

im Bild vorne: **Hüttenkäse-Mais-Brot** *im Bild hinten:* **Fetabrot mit Oliven** ➤

für Gäste

Räucherlachs-brot

FÜR 1 BROT

- 3 EL Dill
- 100 g Räucherlachs in Scheiben
- 1 TL Salz
- 1 EL Senf
- 2 EL Sahne-Meerrettich
- 3 EL Kapern (nach Belieben)
- 500 g Weizenmehl Type 550
- 1 1/2 TL Hefe

Zubereitung: 20 Min.
Einstellung: Normal oder Schnell
Timer: möglich
Bei 10 Scheiben pro Scheibe ca.: 210 kcal

1 | Dill waschen, trockentupfen, Dillspitzen abzupfen und klein hacken.

2 | Die geräucherten Lachsscheiben in nicht zu kleine Stücke schneiden und mit 1 EL Mehl vermengen, damit sie nicht aneinander kleben.

3 | 330 ml Wasser und die übrigen Zutaten in der angegebenen Reihenfolge in den Brotbackautomaten geben. Beachten Sie bitte die Bedienungsanleitung des Gerätes. Dazu hartgekochte Eier, Frischkäse mit Meerrettich und als Getränk Sekt reichen.

Variante:

Thunfischbrot

Sie können den Lachs durch 150 g Thunfisch aus der Dose ersetzen. Dazu geben Sie noch 80 g Dosenmais, 3 EL klein gewürfelte rote Paprika und 1–2 EL zerstoßene rote Chilischoten.

fürs Picknick

Italienisches Tomatenbrot

FÜR 1 BROT

- 80 g Mozzarella
- 1 TL frischer Thymian oder Basilikum
- 300 g Tomaten
- 2 TL Salz
- 1 TL Pesto (aus Basilikum, selbst gemacht oder aus dem Glas)
- 500 g Weizenmehl Type 550
- 2 TL Trockenhefe
- 3 TL zerstoßene Chilischoten (nach Belieben)

Zubereitung: 25 Min.
Einstellung: Normal
Timer: möglich
Bei 10 Scheiben pro Scheibe ca.: 190 kcal

1 | Mozzarella sehr klein würfeln. Kräuter waschen und klein hacken. 300 g Tomaten kreuzweise einschneiden, mit kochendem Wasser überbrühen, häuten, halbieren und entkernen. Stielansätze entfernen. Das Tomatenfleisch klein hacken, 200 g abwiegen.

2 | 130 ml Wasser, alle Zutaten in der Reihenfolge Salz, Kräuter, Pesto, Mozzarella, Mehl, Hefe, Chilischoten nach Belieben und Tomaten in der angegebenen Reihenfolge in die Backform geben.

3 | Nach 20 Min. eine Teigkontrolle machen, da die Saftigkeit des Tomatenfleischs variieren kann. Daher je nach Bedarf etwas Wasser oder Mehl dazugeben.

Belag: Brotscheiben mit Olivenöl beträufeln und mit frischem Basilikum und Mozzarella belegen.

im Bild vorne: **Räucherlachsbrot** *im Bild hinten:* **Italienisches Tomatenbrot**

gelingt leicht

Schmand-Körnerbrot

FÜR 1 BROT

- 2 TL Salz
- 1/2 EL getrockneter Thymian
- 50 g Sonnenblumenkerne
- 30 g Kürbiskerne
- 100 g Schmand
- 450 g Weizenmehl Type 1050
- 2 TL Trockenhefe

Zubereitung: 15 Min.
Einstellung: Normal
Timer: möglich
Bei 10 Scheiben pro Scheibe ca.: 220 kcal

1 | 260 ml Wasser und die restlichen Zutaten in der angegebenen Reihenfolge in die Backform geben. Bitte die Bedienungsanleitung des Gerätes beachten.

TIPP

Wenn die Kerne ganz bleiben sollen, erst nach dem Signalton bzw. nach etwa 30 Min. dazugeben.

Das Brot ist ideal für Sandwiches.

herzhaft

Kürbisbrot

FÜR 1 BROT

- 2 cm Ingwerwurzel
- 600 g Kürbis | 1 Ei
- 2 TL Salz | 1 TL Zucker
- 1/2 TL Pfeffer, frisch gemahlen
- 1 Prise Muskatnuss
- 50 g Kürbiskerne
- 350 g Weizenmehl Type 550
- 100 g Maismehl
- 1 1/2 TL Trockenhefe

Zubereitung: 30 Min.
Einstellung: Normal
Timer: nicht möglich
Bei 10 Scheiben pro Scheibe ca.: 200 kcal

1 | Ingwerwurzel schälen und reiben. Kürbis schälen und putzen. Kürbisfleisch in Würfel schneiden, in 100 ml Wasser weich dünsten. Pürieren, 450 g Kürbismus abwiegen und in die Backform geben.

2 | 100 ml Wasser und die restlichen Zutaten in die Backform geben. Beachten Sie bitte die Bedienungsanleitung des Gerätes.

für Gäste

Halloween-Kürbisbrot

FÜR 1 BROT

- 300 g Kürbis | 2 TL Salz
- 4 EL brauner Rohrzucker
- 1 1/2 TL gemahlener Zimt
- 1 Prise gemahlene Nelken
- 1 TL frisch geriebene Ingwerwurzel
- 20 g weiche Butter
- 420 g Weizenmehl Type 550 | 2 TL Trockenhefe | 50 g Rosinen

Zubereitung: 20 Min.
Einstellung: Normal
Timer: möglich
Bei 10 Scheiben pro Scheibe ca.: 200 kcal

1 | Kürbis schälen und putzen. Kürbisfleisch in Würfel schneiden, in 50 ml Wasser weich dünsten. Pürieren, 200 g Kürbismus abwiegen und in die Backform geben.

2 | 200 ml Wasser und die restlichen Zutaten bis auf die Rosinen in die Backform geben. Die Rosinen 30 Min. nach Programmstart in die Backform geben. Bitte die Bedienungsanleitung des Gerätes beachten.

im Bild vorne: **Halloween-Kürbisbrot** *im Bild Mitte:* **Schmand-Körnerbrot** *im Bild hinten:* **Kürbisbrot**

süß | gelingt leicht

Rosinenbrot

FÜR 1 BROT

- **2 TL Salz**
- **4 EL Zucker**
- **50 g weiche Butter**
- **450 g Weizenmehl Type 550**
- **1 1/2 TL Trockenhefe**
- **1 1/2 TL Zimt (nach Belieben)**
- **3 EL Magermilchpulver (nach Belieben)**
- **70 g Rosinen**

Zubereitung: 15 Min.
Einstellung: Weißbrot

Timer: möglich

Bei 10 Scheiben pro Scheibe ca.: 240 kcal

1 | 350 ml Wasser sowie die übrigen Zutaten bis auf die Rosinen in der angegebenen Reihenfolge in die Backform geben. Bitte die Bedienungsanleitung ihres Gerätes beachten.

2 | 30 Min. nach Programmstart oder nach dem Signalton die Rosinen dazugeben.

➤ Getoastet und mit Butter bestrichen ein Genuss.

orientalisch | süß

Dattelbrot mit Rosinen

FÜR 1 BROT

- **80 g Datteln**
- **1 TL Salz**
- **1 Ei**
- **2 EL Kakaopulver**
- **je 1 Prise Nelken- und Zimtpulver**
- **6 EL Zucker**
- **50 g Sesamsamen**
- **50 g Mandelstifte**
- **50 g Rosinen**
- **470 g Weizenmehl Type 550**
- **1 1/2 TL Trockenhefe**

Zubereitung: 20 Min.
Einstellung: Normal

Timer: nicht möglich

Bei 10 Scheiben pro Scheibe ca.: 300 kcal

1 | Die Datteln entkernen, vierteln und in die Backform geben. 280 ml Wasser und die restlichen Zutaten in der angegebenen Reihenfolge in den Brotbackautomaten geben. Bitte die Bedienungsanleitung des Gerätes beachten.

➤ Variante:

Orientalischer Kuchen

Teig zubereiten (Einstellung: Teigprogramm). Den Teig entnehmen und in eine gefettete Springform (26 cm ∅) geben. 30 Min. ruhen lassen. Mit Wasser bestreichen und mit 13 Walnusshälften (12 am Rand und 1 in die Mitte) und 12 geschälten Mandeln belegen. Mit 100 g roten Belegkirschen verzieren. Im vorgeheizten Ofen bei 175° (Mitte, Umluft 160°) 30–35 Min. backen. Noch warm mit Honig bestreichen. Eine Spezialität wie aus 1001 Nacht!

im Bild vorne: **Dattelbrot mit Rosinen** *im Bild hinten:* **Rosinenbrot** ➤

ENJOY LIFE

gelingt leicht

Müslibrot

FÜR 1 BROT

- 1 TL Salz
  2 EL Sonnenblumenöl
  400 g Weizenmehl Type 550 | 150 g Müsli
  1 1/2 TL Hefe

Zubereitung: 15 Min.
Einstellung: Normal oder Schnell

Timer: möglich

- Bei 10 Scheiben pro Scheibe ca.: 210 kcal

1 | Geben Sie 370 ml Wasser und die restlichen Zutaten in der angegebenen Reihenfolge in den Brotbackautomaten. Beachten Sie bitte die Bedienungsanleitung des Gerätes.

- Varianten:

Müsli-Kleie-Brot

Um das Brot mit noch mehr gesunden Ballaststoffen zu versehen, ersetzen Sie 80 g Mehl durch Weizen- oder Haferkleie.

Müslibrötchen

Sie können aus dem Teig (Einstellung: Teigprogramm) 12 Müslibrötchen herstellen. Halten Sie sich dabei an das Blitzrezept Brötchen auf S. 47.

zum Sonntagsfrühstück

Aprikosenbrot

FÜR 1 BROT

- 1 TL Salz
  4 EL Aprikosenmarmelade
  50 g Mandelblättchen
  3 EL Orangenlikör (nach Belieben)
  30 g weiche Butter
  450 g Weizenmehl Type 550
  1 1/2 TL Hefe

Zubereitung: 15 Min.
Einstellung: Normal oder Schnell

Timer: möglich

- Bei 10 Scheiben pro Scheibe ca.: 240 kcal

1 | Geben Sie 340 ml Wasser und die restlichen Zutaten in der angegebenen Reihenfolge in den Brotbackautomaten. Beachten Sie bitte die Bedienungsanleitung des Gerätes.

TIPP

Wenn Kinder mitessen, lassen Sie einfach den Alkohol weg.

Noch fruchtiger wird das Brot mit 3 EL Orangeat im Teig.

- Varianten:

Statt Aprikosenmarmelade können Sie Orangenmarmelade verwenden. Auch Sauerkirschmarmelade und echtes Kirschwasser kombiniert mit 3 EL Schokostreusel passen wunderbar.

Vollwertiger wird das Brot, wenn Sie 150 g Mehl durch Dinkelvollkornmehl ersetzen.

- Passende Aufstriche:
Honigfrischkäse aus 200 g Frischkäse, 6 EL aromatischem Honig (z.B. Kastanien- oder Heidehonig) und 1 Prise Safran.

Für Pflaumenkäsecreme 200 g getrocknete Pflaumen ohne Steine pürieren, mit 200 g Frischkäse, 6 EL Zitronensaft und 1 Prise Zimt verrühren. Käsecreme etwas durchziehen lassen. Statt der getrockneten Pflaumen können Sie auch Aprikosen verwenden.

im Bild vorne: **Müslibrot** *im Bild hinten:* **Aprikosenbrot**

exotisch

Joghurt-Bananen-Brot

FÜR 1 BROT

- **1 Banane**
- **1 TL Salz**
- **50 g Butter**
- **30 g Zuckerrübensirup**
- **3 EL Zucker**
- **1/2 TL Zimt**
- **50 g gemahlene Mandeln**
- **260 g Joghurt**
- **450 g Weizenmehl Type 550**
- **1 1/2 TL Trockenhefe**

Zubereitung: 20 Min.
Einstellung: Normal

Timer: nicht möglich

Bei 10 Scheiben pro Scheibe ca.: 270 kcal

1 | 30 ml Wasser in die Backform geben. Eine Banane schälen und pürieren, 110 g abwiegen. Püree sowie die restlichen Zutaten in die Backform geben. Bitte die Bedienungsanleitung des Gerätes beachten.

Variante:

Statt Bananen 210 g Apfelmus und 160 g Joghurt verwenden.

gelingt leicht

Brioche

FÜR 1 BROT

- **1 1/2 TL Salz**
- **50 g Zucker**
- **1 Ei**
- **2 Eigelb**
- **150 g weiche Butter**
- **500 g Weizenmehl Type 405 oder 550**
- **3 EL Magermilchpulver**
- **1 TL Trockenhefe**

Zubereitung: 15 Min.
Einstellung: Normal

Timer: nicht möglich

Bei 12 Scheiben pro Scheibe ca.: 280 kcal

1 | 170 ml Wasser sowie die übrigen Zutaten in der angegebenen Reihenfolge in die Backform geben. Beachten Sie bitte die Bedienungsanleitung des Gerätes.

Variante:

Schokoladen-Brioche

Einstellung: Normal

Zusätzlich werden nach 30 Min. 100 g in Stücke gehackte Schokolade zugegeben. Probieren Sie es mit Ihrer Lieblingsschokoladensorte! Schokoladen-Brioche ist prima zum Mitnehmen.

Resteverwertung:

Arme Ritter

Übrig gebliebene Brioche (die auch schon etwas trocken sein kann) in etwa 1–2 cm dicke Scheiben schneiden. Für 4 Scheiben Brioche 1 Ei mit 200 ml Milch verquirlen. Die Scheiben darin kurz einweichen. In einer beschichteten Pfanne pro Scheibe etwa 2–3 EL Butter erhitzen. Briochescheiben in der Butter 3–4 Min. von jeder Seite braten, bis sie knusprig und goldbraun sind. Sofort auf einen Teller geben, mit Zimtzucker bestreuen und noch warm servieren.

In Amerika genießt man dieses Gericht schon zum Frühstück als „French Toast“ (aus Toastbrot zubereitet) und übergießt es mit Ahornsirup.

im Bild vorne: **Brioche** *im Bild hinten:* **Joghurt-Bananen-Brot**

Sauerteigbrote

Kernig, herzhaft, deftig: wer kann dem Duft eines frisch gebackenen Landbrotes oder Bauernlaibs widerstehen? Mit frischer Butter bestrichen – zum Süchtigwerden. Versuchen Sie unbedingt auch unsere feineren Sauerteigmischbrote oder das köstliche Französische Brot.

33 Roggenmischbrot
33 Weizenmischbrot
34 Sonnenblumenbrot
34 Rustikales Landbrot
36 Kümmelbrot
36 Französisches Brot
38 Fränkischer Bauernlaib
38 Kräuterbrot
40 Schrot- und Kornbrot
40 Landbrot
43 Kürbiskernbrot
43 Vollkornbrot
44 Zwiebelbrot
44 Walnussbrot

Blitzrezepte

Roggenmischbrot

FÜR 1 BROT

- **2 TL Salz**
  1/2 EL Roggenmalz (nach Belieben)
  1/2 TL gemahlener Kümmel
  50 ml Essig
  100 g Sauerteigpulver
  250 g Roggenmehl Type 997
  200 g Weizenmehl Type 550
  1 1/2 TL Trockenhefe
- Einstellung: Weißbrot oder Normal
- Timer: möglich

1 | 320 ml Wasser sowie die restlichen Zutaten in der angegebenen Reihenfolge in die Backform geben. Bitte die Bedienungsanleitung des Gerätes beachten.

Weizenmischbrot

FÜR 1 BROT

- **2 TL Salz**
  80 g Sauerteigpulver
  400 g Weizenmehl Type 550
  150 g Roggenmehl Type 997
  1 1/2 TL Trockenhefe
- Einstellung: Normal
- Timer: möglich

1 | 370 ml Wasser und die restlichen Zutaten in der angegebenen Reihenfolge in die Backform geben. Bitte die Bedienungsanleitung des Gerätes beachten.

nussig

Sonnenblumenbrot

FÜR 1 BROT

- 3 TL Salz
  50 g Sauerteigpulver
  100 g Roggenmehl Type 997
  350 g Weizenmehl Type 550
  150 g Sonnenblumenkerne
  1 TL Trockenhefe

Zubereitung: 15 Min.
Einstellung: Normal
Timer: möglich
- Bei 15 Scheiben pro Scheibe ca.: 170 kcal

1 | 370 ml Wasser sowie die restlichen Zutaten, bis auf die Sonnenblumenkerne, in der angegebenen Reihenfolge in die Backform geben. Die Sonnenblumenkerne erst nach etwa 30 Min. in die Backform geben. Bitte die Bedienungsanleitung des Gerätes beachten.

- Variante:

  Sojabrot

  Statt der Sonnenblumenkerne geröstete Sojakerne verwenden.

herzhaft

Rustikales Landbrot

FÜR 1 BROT

- 2 TL Salz
  1 EL Brotgewürz
  1/2 EL Roggenmalz
  70 g Sauerteigpulver
  150 g Roggenvollkornmehl
  350 g Weizenmehl Type 1050
  1 TL Trockenhefe

Zubereitung: 15 Min.
Einstellung: Normal
Timer: möglich
- Bei 15 Scheiben pro Scheibe ca.: 120 kcal

1 | 360 ml Wasser sowie die restlichen Zutaten in der angegebenen Reihenfolge in die Backform geben. Bitte die Bedienungsanleitung des Gerätes beachten.

- Dazu passen eine zünftige Brotzeit mit Bauernwürsten und Handkäse „mit Musik“.

  „Handkäs mit Musik“ ist einfach zuzubereiten. Sie brauchen für 4 Personen 4 reife Handkäse, 1 Zwiebel, 3 El Apfelessig, 3 El Öl, Kümmel nach Belieben und Pfeffer. Den Handkäse in Scheiben schneiden. Die Zwiebel schälen, in kleine Würfel oder Ringe schneiden und über den Käse streuen. Aus Essig, Öl, Kümmel und Pfeffer eine Marinade zubereiten und über Käse und Zwiebeln geben. 1 Std. ziehen lassen. Dazu passen frische Kräuter, Radieschen und Rettich. Servieren Sie Bier oder Apfelwein dazu.

im Bild vorne: **Rustikales Landbrot** *im Bild hinten:* **Sonnenblumenbrot**

gelingt leicht

Kümmelbrot

FÜR 1 BROT

- **2 TL Salz**
  2 EL Kümmel
  35 g Sauerteigpulver
  70 g Roggenmehl Type 1150
  400 g Weizenmehl Type 550
  1 1/2 TL Trockenhefe

Zubereitung: 15 Min.
Einstellung: Weißbrot
Timer: möglich
- Bei 10 Scheiben pro Scheibe ca.: 170 kcal

1 | 360 ml Wasser sowie die restlichen Zutaten in der angegebenen Reihenfolge in die Backform geben. Bitte die Bedienungsanleitung des Gerätes beachten.

- Dazu passen kalter Schweinebraten, Krautsalat und Bier.

Klassiker

Französisches Brot

FÜR 1 BROT

- **2 TL Salz**
  1/2 EL Roggenmalz
  550 g Weizenmehl Type 1050
  30 g Sauerteigpulver
  1 1/2 TL Trockenhefe

Zubereitung: 15 Min.
Einstellung: Weißbrot oder Französisch
Timer: möglich
- Bei 10 Scheiben pro Scheibe ca.: 180 kcal

1 | 410 ml Wasser sowie die restlichen Zutaten in der angegebenen Reihenfolge in die Backform geben. Bitte die Bedienungsanleitung des Gerätes beachten.

- Varianten:

Baguettes

Den Teig zubereiten (Einstellung: Teigzyklus). Den fertigen Teig entnehmen, kurz kneten und halbieren. Teig nicht rundwirken, sonst wird die Porung der Teigkrume zu fein. Die Stücke langstoßen und nebeneinander auf ein mit Backpapier ausgelegtes Backblech setzen. Mit einem feuchten Tuch abdecken. 40 Min. an einem warmen Ort ruhen lassen. Ofen auf 250° (Umluft 220°) vorheizen. Anschließend jeweils etwa fünf langgezogene tiefe Schnitte mit einem scharfen Messer anbringen. Mit Wasser besprühen. 10 Min. backen (Mitte), anschließend Hitze auf 200° (Umluft 170°) reduzieren. Baguettes in 15–20 Min. fertig backen.

Französiches Brot klassisch

Sie können das Brot auch ohne Sauerteig zubereiten. Dafür 410 ml Wasser mit 2 TL Salz, 580 g Weizenmehl Type 550 und 1 1/2 TL Trockenhefe in die Backform geben.

Auch diesen Teig können Sie mit der Einstellung Teigprogramm zubereiten und dann zu Baguette weiterverarbeiten.

im Bild vorne: **Baguette (Variante)** *im Bild hinten:* **Kümmelbrot** ➤

herzhaft | würzig

Fränkischer Bauernlaib

FÜR 1 BROT

- **2 TL Salz**
  je 1 TL gemahlener Kümmel und gemahlener Koriander
  1/2 Beutel (75 g) flüssiger Sauerteig
  1/2 EL Roggenmalz
  200 g Roggenmehl Type 1150
  380 g Weizenmehl Type 550
  1 1/2 TL Trockenhefe

Zubereitung: 15 Min.
Einstellung: Normal
Timer: möglich

- Bei 10 Scheiben pro Scheibe ca.: 220 kcal

1 | 360 ml Wasser und die restlichen Zutaten in der angegebenen Reihenfolge in die Backform geben. Bitte die Bedienungsanleitung des Gerätes beachten.

- Dazu passen fränkische Bauernwurst und ein kräftiges dunkles Bier.

fürs Büffet

Kräuterbrot

FÜR 1 BROT

- **1 Knoblauchzehe**
  je 1 EL gehackte Petersilie und Schnittlauch
  je 1 TL frischer gehackter Thymian, Oregano und Rosmarin (ersatzweise getrocknet)
  1 1/2 TL Salz
  Pfeffer, frisch gemahlen
  50 g Butter
  25 g Sauerteigpulver
  460 g Weizenmehl Type 1050
  1 TL Trockenhefe

Zubereitung: 15 Min.
Einstellung: Normal
Timer: möglich

- Bei 10 Scheiben pro Scheibe ca.: 200 kcal

1 | Die Knoblauchzehe schälen und fein hacken. 350 ml Wasser sowie die restlichen Zutaten in der angegebenen Reihenfolge in die Backform geben. Bitte die Bedienungsanleitung des Gerätes beachten.

- Aufstriche:

Rührei mit Schinken

8 Eier mit einer Gabel kurz verschlagen. Mit Salz, Pfeffer und Cayennepfeffer würzen, 200 g Schinkenwürfel dazugeben. 1 EL Öl in einer Pfanne erhitzen. Die Eimischung hineingeben und stocken lassen. 100 geriebenen Emmentaler darüber streuen und leicht schmelzen lassen.

Lachs-Frischkäsecreme

200 g Frischkäse (natur oder mit Meerrettich) mit 3 El saurer Sahne verrühren. 200 g geräucherten Lachs in kleine Würfel schneiden. 1 kleines Bund Dill waschen, die Dillspitzen abzupfen und fein schneiden. Lachs und Dill unter die Creme rühren und mit Pfeffer abschmecken.

TIPP

3–4 EL einer TK-Kräutermischung können die frischen Kräuter ersetzen.

im Bild vorne: **Fränkischer Bauernlaib** *im Bild hinten:* **Kräuterbrot**

herzhaft

Schrot- und Kornbrot

FÜR 1 BROT

➤ **1 TL Salz**
50 ml Essig
100 g Körnermischung (Sonnenblumenkerne, Kürbiskerne, Leinsamen, selbst gemischt oder aus dem Bioladen)
30 g Sauerteigpulver
200 g feiner Dinkelschrot
240 g Weizenmehl Type 550
1 1/2 TL Trockenhefe
1 1/2 TL Brotgewürz (nach Belieben)

Zubereitung: 15 Min.
Einstellung: Normal
Timer: möglich
➤ Bei 13 Scheiben pro Scheibe ca.: 160 kcal

1 | 290 ml Wasser sowie die restlichen Zutaten in der angegebenen Reihenfolge in die Backform geben. Bitte die Bedienungsanleitung des Gerätes beachten.

Brotzeit-Klassiker

Landbrot

FÜR 1 BROT

➤ **2 TL Salz**
1/2 EL Roggenmalz
1/2 TL gemahlener Kümmel
1 Prise Steinklee
100 g Roggenmehl Type 1150
50 g Sauerteigpulver
330 g Weizenmehl Type 1050
2 TL Trockenhefe

Zubereitung: 15 Min.
Einstellung: Weißbrot oder längeres Programm
Timer: möglich
➤ Bei 10 Scheiben pro Scheibe ca.: 160 kcal

1 | 330 ml Wasser sowie die restlichen Zutaten in der angegebenen Reihenfolge in die Backform geben. Bitte die Bedienungsanleitung des Gerätes beachten.

➤ Dazu passen ein deftiger Bauernschinken, hartgekochte Eier, saure Gurken und Bier.

➤ Variante:

Kassler im Brotteig

Für 6 Personen brauchen Sie 1,2 kg gekochtes Kassler. Den Landbrotteig zubereiten (Einstellung: Teigprogramm), dabei 5 EL Sesam dazugeben.

Den Teig entnehmen und ausrollen. Kassler trockentupfen und mit dem Teig umhüllen. Backblech mit Backpapier belegen. Kassler im Teig mit dem Teigschluss nach unten auf das Backblech setzen. Backofen auf 200° (Umluft 175°) vorheizen. Kassler im Teig 30 Min. ruhen lassen, danach mit Wasser bestreichen und im Ofen (unten) 1 Std. 30 Min. backen.

Dazu passen Bier und grüner Salat.

im Bild links: **Landbrot** *im Bild rechts:* **Schrot- und Kornbrot** ➤

gelingt leicht

Kürbiskernbrot

FÜR 1 BROT

- **2 TL Salz**
  50 g Sauerteigpulver
  3 EL Sonnenblumenöl
  100 g Kürbiskerne
  100 g Dinkelvollkornmehl
  350 g Weizenmehl Type 1050
  2 TL Trockenhefe

Zubereitung: 15 Min.
Einstellung: Normal oder Vollkorn
Timer: möglich
- Bei 10 Scheiben pro Scheibe ca.: 240 kcal

1 | 340 ml Wasser sowie die restlichen Zutaten in der angegebenen Reihenfolge in die Backform geben. Bitte die Bedienungsanleitung ihres Gerätes beachten.

- Variante:
  Statt der Kürbiskerne Sonnenblumenkerne verwenden oder Sonnenblumenkernsprossen.

braucht Zeit

Vollkornbrot

FÜR 1 BROT

- **Für den Vorteig:**
  150 g Dinkelschrot
- **Für dem Teig:**
  200 g Dinkelvollkornmehl
  300 g Weizenvollkornmehl
  50 ml Essig
  2 TL Salz
  1 1/2 TL Trockenhefe

Zubereitung: 3 Tage
Einstellung: Normal oder Vollkorn
Timer: nicht möglich
- Bei 10 Scheiben pro Scheibe ca.: 210 kcal

1 | Für den Vorteig Dinkelschrot und 120 ml lauwarmes Wasser vermengen und über Nacht bei Zimmertemperatur stehen lassen.

2 | Am nächsten Morgen 100 g Dinkelvollkornmehl mit 80 ml Wasser unter den Vorteig rühren. Bei Zimmertemperatur über Nacht stehen lassen.

3 | Am dritten Morgen 200 ml Wasser sowie die restlichen Zutaten in der angegebenen Reihenfolge in die Backform geben. Bitte die Bedienungsanleitung des Gerätes beachten.

- Variante:
  Dinkelvollkornbrot
  Für diese einfache, aber sehr gute Brotvariante geben Sie 380 ml Wasser in die Backform. Danach 2 TL Salz, 400 g Dinkelvollkornmehl, 150 g Weizenmehl Type 550, 2 TL Brotgewürz (nach Belieben) und 2 TL Hefe. Zubereiten mit der Einstellung Vollkorn. Der Einsatz des Timers ist möglich.

◄ *im Bild vorne:* **Kürbiskernbrot** *im Bild hinten:* **Vollkornbrot**

für Gäste

Zwiebelbrot

FÜR 1 BROT

- **20 g Speck**
  1 kleiner Rosmarinzweig
  1 Zwiebel | 1 1/2 TL Salz
  25 g Sauerteigpulver
  450 g Weizenmehl Type 1050
  50 g Roggenmehl Type 997
  1 1/2 TL Trockenhefe

Zubereitung: 20 Min.
Einstellung: Weißbrot oder Normal

Timer: möglich

- Bei 10 Scheiben pro Scheibe ca.: 190 kcal

1 | Den Speck würfeln und in einer Pfanne glasig werden lassen. Den Rosmarinzweig im Fett mitdünsten. Die Zwiebel schälen und in Würfel schneiden. Zu dem Speck geben und glasig dünsten. Abkühlen lassen.

2 | 330 ml Wasser, danach die Zutaten in in die Backform geben. Bitte die Bedienungsanleitung des Gerätes beachten.

- Eignet sich ideal zum herzhaften Käsefondue.

- Variante:

Zwiebelfladen

Aus dem Teig einen Fladen von 35 cm ∅ ausrollen, mehrmals mit einer Gabel einstechen. Ofen auf 220° vorheizen. Fladen 15–20 Min. (Mitte, Umluft 200°) backen.

fürs Büfett

Walnussbrot

FÜR 1 BROT

- **60 g Walnusskerne**
  1 TL Salz
  3 EL Walnussöl
  320 g Weizenmehl Type 1050
  110 g Roggenmehl Type 997
  50 g Sauerteigpulver
  1 TL Trockenhefe

Zubereitung: 20 Min.
Einstellung: Weißbrot

Timer: nicht möglich

- Bei 10 Scheiben pro Scheibe ca.: 220 kcal

1 | Die Walnüsse hacken. 350 ml Wasser sowie die restlichen Zutaten bis auf die Walnüsse in der Reihenfolge in die Backform geben. Bitte die Bedienungsanleitung des Gerätes beachten.

2 | Die gehackten Walnüsse nach 30 Min. bzw. nach dem Signalton dazugeben.

- Varianten:

Nussauswahl

Statt Walnüsse können auch Mandeln, Erd-, Hasel-, Pecan- oder Macadamianüsse verwendet werden. Wenn Sie keine ungesalzenen Macadamianüsse bekommen, nehmen Sie geröstete und gesalzene Macadamias. Lassen Sie dann aber das Salz für den Teig weg.

Knusprige Nussstreifen

Brotteig mit der Einstellung Teigprogramm zubereiten. 200 g grob gehackte Nussmischung (Sorten nach Belieben), 80 g Sesam und etwas grobes Salz auf die Arbeitsfläche streuen. Den Brotteig auf der Nuss-Salzmischung ausrollen und mit einem Pizzaschneider oder einem geeigneten Messer in Streifen schneiden. Den Backofen auf 200° (Umluft 175°) vorheizen. Backblech mit Backpapier belegen und die Streifen darauf verteilen. 30 Min. ruhen lassen. Streifen mit Wasser besprühen und mit Salz bestreuen. Im Ofen (Mitte) in 20 Min. knusprig backen.

im Bild vorne: **Zwiebelbrot** *im Bild hinten:* **Walnussbrot** ➤

Geformte Brote

Nutzen Sie den Brotbackautomaten unbedingt auch als Alternative zu den herkömmlichen Teigknetmaschinen. Er spart Zeit und ermöglicht die Zubereitung von perfekten Teigen unter idealen Bedingungen. Backen Sie Ihre Sonntagsbrötchen zur Abwechslung einmal selber und lassen Sie sich überraschen: es werden die besten seit langem sein. Versprochen!

47 Brötchen
47 Weizenlandbrot
49 Bagels
50 Mehrkornbrötchen
50 Frühstückshörnchen
52 Partysonne
52 Schwäbische Seelen
54 Effendis Brotstangerl
54 Milchbrötchen
56 Einback
56 Pizzateig

Blitzrezepte

Brötchen

FÜR 12 BRÖTCHEN

- **1 TL Salz | 1 TL Zucker 550 g Weizenmehl Type 550 1 1/2 TL Trockenhefe**
- Einstellung: Teigprogramm

1 | 370 ml Wasser und die übrigen Zutaten in die Backform geben.

2 | Den Teig kurz kneten. Blech mit Backpapier belegen. Teig in 12 Stücke teilen, rundwirken und auf das Blech legen. 5 Min. ruhen lassen, mit einem feuchten Tuch bedecken und 30 Min. ruhen lassen. Ofen auf 200° (Umluft 180°) vorheizen.

3 | Die Teiglinge anfeuchten und mit einer Schere einschneiden. 20–25 Min. (Mitte) backen.

Weizenlandbrot

FÜR 1 BROT

- **2 TL Salz | 450 g Weizenmehl Type 1050 | 100 g Roggenmehl Type 997 100 g Quark | 50 g Sauerteigpulver 1 TL Trockenhefe**
- Einstellung: Teigprogramm

1 | 340 ml Wasser und die übrigen Zutaten in die Backform geben. Teig rundwirken. In ein bemehltes Gärkörbchen legen, andrücken, mit Mehl bestreuen. Abgedeckt 30 Min. ruhen lassen. Ofen auf 250° (Umluft 220°) vorheizen. Blech mit Backpapier auslegen.

2 | Brotlaib auf das Blech stürzen. Mit Wasser bestreichen und einschneiden. 15 Min. bei 250° (Mitte), 35–40 Min. bei 175° (Umluft 160°) backen.

Klassiker | für Gäste

Bagels

FÜR 9 BAGELS

- **1 1/2 TL Salz**
  1 TL Zucker
  500 g Weizenmehl Type 550
  2 TL Trockenhefe

Zubereitung: 30 Min.
Ruhezeit: 35 Min.
Backzeit: 25 Min.
Einstellung: Teigprogramm

- Pro Stück ca.: 190 kcal

1 | 340 ml Wasser und die restlichen Zutaten in der angegebenen Reihenfolge in die Backform geben. Bitte die Bedienungsanleitung des Gerätes beachten.

2 | Den Teig entnehmen, in 9 Teile (je 95 g) aufteilen und rundwirken. 5 Min. ruhen lassen. Teiglinge etwas flach drücken und mit dem Finger in die Mitte eine Vertiefung stupfen, etwas Mehl hineingeben. Mit dem Finger bis zum Boden durchbohren und das Loch durch kreisende Bewegungen bis auf etwa 4 cm Größe erweitern. Auf einer dünn bemehlten Fläche 30 Min. ruhen lassen.

3 | Backblech mit Backpapier auslegen und den Ofen auf 200° (Umluft 180°) vorheizen. Inzwischen in einem Topf mit großer Öffnung Wasser zum Kochen bringen. Die Teigringe mit der Oberseite zuerst in das leicht sprudelnde Wasser gleiten lassen. Nach 30 Sek. wenden. Bagels mit einer Schaumkelle herausnehmen und kurz auf ein Küchenhandtuch ablegen. Das überschüssige Wasser wird vom Tuch aufgesogen.

4 | Die Bagels auf das Backblech setzen. Im Ofen (Mitte) in 20–25 Min. goldbraun backen. Auf einem Rost abkühlen lassen.

- Dazu passen Frischkäse und geräucherter Lachs, oder sie stippen den Bagel einfach in ihren Lieblingsjoghurt.

1 **Rundwirken**
Jedes Teigstück mit bemehlten Händen rundwirken (s. auch Seite 11).

2 **Loch formen**
Das Bagelloch lässt sich gut mit einem Finger erweitern und formen.

3 **Kochen**
Vor dem Backen werden die Bagels kurz in kochendes Wasser gelegt.

herzhaft

Mehrkornbrötchen

FÜR 10 BRÖTCHEN

- **1 1/2 TL Salz**
  1 /2 EL Roggenmalz
  50 g Sauerteigpulver
  160 g Roggenmehl Type 1150
  260 g Dinkelmehl Type 630
  150 g gemahlene oder geschrotete Mehrkornmischung
  3 EL Magermilchpulver
  1 TL Trockenhefe
- **Außerdem:**
  Mehl für die Arbeitsfläche

Zubereitung: 30 Min.
Ruhezeit: 35 Min.
Backzeit: 25 Min.
Einstellung: Teigprogramm
Timer: möglich
Pro Stück ca.: 200 kcal

1 | 350 ml Wasser sowie die restlichen Zutaten in die Backform geben. Bitte die Bedienungsanleitung des Gerätes beachten.

2 | Teig entnehmen und kurz kneten. Teig in 10 Teiglinge teilen, rundwirken und langstoßen. Backblech mit Backpapier belegen. Brötchen darauf legen und 5 Min. ruhen lassen, dann etwas flacher drücken. Mit einem Tuch bedeckt 30 Min. ruhen lassen. Ofen auf 200° (Umluft 180°) vorheizen.

3 | Vor dem Backen mit Wasser bestreichen und mit einem Messer einschneiden. 20–25 Min. backen (Mitte).

für Gäste

Frühstückshörnchen

FÜR 16 HÖRNCHEN

- **1 TL Salz | 1 EL Zucker**
  100 g weiche Butter | 1 Ei
  600 g Weizenmehl Type 550
  3 EL Magermilchpulver (nach Belieben)
  1 TL Trockenhefe
- **Außerdem:**
  Mehl für die Arbeitsfläche
  1 Eigelb zum Bestreichen

Zubereitung: 25 Min.
Ruhezeit: 35 Min.
Backzeit: 25 Min.
Einstellung: Teigprogramm
Timer: nicht möglich
Pro Stück ca.: 190 kcal

1 | 360 ml Wasser sowie die restlichen Zutaten in der angegebenen Reihenfolge in die Backform geben. Bitte die Bedienungsanleitung des Gerätes beachten.

2 | Teig entnehmen, kurz durchkneten, zwei gleich große Kugeln formen. 5 Min. ruhen lassen. Blech mit Backpapier belegen. Ofen auf 200° (Umluft 180°) vorheizen. Auf einer bemehlten Arbeitsfläche die Kugeln auf 30 cm ∅ ausrollen. Teigkreise achteln, diese einzeln etwas größer ausrollen. Dreiecke von der breiten Seite aus zu einem Hörnchen aufwickeln. Auf das Blech legen, 20 Min. ruhen lassen. Mit Eigelb bestreichen und in 20–25 Min. (Mitte) goldbraun backen.

- Variante:
  Sie können die Hörnchen beim Formen je nach Geschmack süß mit Schokoladenstücken oder herzhaft mit Würstchen befüllen und mit etwas Sesam oder Mohn bestreuen. Backtemperatur und -zeit bleiben gleich.

im Bild vorne: **Frühstückshörnchen** *im Bild hinten:* **Mehrkornbrötchen** ➤

für Gäste

Partysonne

FÜR 24 BRÖTCHEN

- **2 1/2 TL Salz | 1 TL Zucker**
  5 EL Kartoffelpüree (Instantflocken)
  50 g Sauerteigpulver
  150 g Roggenmehl Type 1150
  350 g Weizenmehl Type 1050
  1 1/2 TL Trockenhefe
  1 EL Brotgewürz (nach Belieben)
- **Zum Bestreuen: Mohn, Sesam, Leinsamen, Haferflocken, Kürbiskerne, Sonnenblumenkerne (Sorten nach Belieben)**
- **Außerdem: Mehl für die Arbeitsfläche**

Zubereitung: 30 Min.
Ruhezeit: 35 Min.
Einstellung: Teigprogramm
- Pro Stück ca.: 80 kcal

1 | 480 ml Wasser und die übrigen Zutaten in die Backform geben. Mit einem Stielteigschaber etwas nachhelfen, bis sich ein Teigkloß formt.

2 | Den Teig entnehmen. Arbeitsfläche dünn mit Mehl bestreuen. Teig kurz kneten. Backblech mit Backpapier belegen. Teig in 24 Stücke zu je 50 g teilen und rundwirken. Die Oberfläche der Kugeln mit Wasser befeuchten und in Mohn, Sesam, Leinsamen, Haferflocken, Kürbiskerne und Sonnenblumenkerne stupfen. Nebeneinander mit 1/2 cm Abstand auf das Blech setzen. Mit der Hand leicht auf die Brötchen drücken. Ofen auf 200° (Umluft 180°) vorheizen.

3 | Teigsonne 30 Min. ruhen lassen. Vor dem Backen mit etwas Wasser besprengen und 20–25 Min. (Mitte) backen.

für Gäste

Schwäbische Seelen

FÜR 9 STÜCK

- **2 TL Salz**
  50 g Sauerteigpulver
  2 EL Olivenöl
  550 g Weizenmehl Type 550 oder 1050
  1 1/2 TL Trockenhefe
- **Für den Belag: grobes Brezelsalz und Kümmel**
- **Außerdem: Mehl für die Arbeitsfläche**

Zubereitung: 25 Min.
Ruhezeit: 25 Min.
Einstellung: Teigprogramm
Timer: möglich
- Pro Stück ca.: 240 kcal

1 | 450 ml Wasser und die restlichen Zutaten in der angegebenen Reihenfolge in die Backform geben. Bitte die Bedienungsanleitung des Gerätes beachten.

2 | Den Teig entnehmen und rundwirken, 5 Min. ruhen lassen. Den Teig zu einem Fladen von 20 x 30 cm drücken. Backblech mit Backpapier belegen.

3 | Die Oberfläche des Fladens mit Wasser bestreichen. Mit einem Teigschaber grobe Stangen von 30 cm Länge abstechen und sofort mit nassen Händen auf das Backblech setzen. Teig 20 Min. ruhen lassen.

4 | Ofen auf 200° (Umluft 180°) vorheizen. Die Stangen mit Wasser bestreichen. Mit Salz und Kümmel bestreuen. Im Ofen (Mitte) in 25–30 Min. goldbraun und knusprig backen.

im Bild vorne: **Schwäbische Seelen** *im Bild hinten:* **Partysonne**

fürs Büffet

Effendis Brotstangerl

FÜR 16 STANGERL

- 1 1/2 TL Salz
  125 g Schinkenwürfel
  150 g Körnermix (Sonnenblumenkörner, Kürbiskerne, Leinsamen, Sesam, Mohn)
  1 EL Roggenmalz
  2 EL Distelöl
  380 g Dinkelmehl Type 630
  150 g Roggenvollkornmehl
  75 g Seitenbacher Natursauerteig
  1 1/2 TL Trockenhefe
  Zum Bestreuen: grobes Salz und Kümmel (nach Belieben)
- Außerdem:
  Mehl für die Arbeitsfläche

Zubereitung: 25 Min.
Ruhezeit: 30 Min.
Einstellung: Teigprogramm
- Pro Stück ca.: 190 kcal

1 | 350 ml Wasser und die restlichen Zutaten in der angegebenen Reihenfolge in die Backform geben. Bitte die Bedienungsanleitung des Gerätes beachten.

2 | Backblech mit Backpapier belegen. Arbeitsfläche dünn mit Mehl bestreuen. Den Teig kurz kneten. Teig 5 Min. ruhen lassen, anschließend langstoßen auf 15 x 30 cm. Mit dem Teigschaber längliche Stücke von 80 g abstechen und zu Stangen von 25 cm Länge rollen.

3 | Teig 25 Min. ruhen lassen. Ofen auf 200° (Umluft 180°) vorheizen. Vor dem Backen mit Wasser bestreichen und nach Belieben mit Salz und Kümmel bestreuen. Im Ofen (Mitte) 20 Min. backen.

für Gourmets

Großauheimer Milchbrötchen

FÜR 10 BRÖTCHEN

- 1 1/2 TL Salz
  1 EL Zucker
  2 TL Roggenmalz
  3 EL Magermilchpulver
  40 g weiche Butter (nach Belieben)
  450 g Weizenmehl Type 550
  1 TL Trockenhefe
- Außerdem:
  Mehl für die Arbeitsfläche

Zubereitung: 20 Min.
Ruhezeit: 40 Min.
Einstellung: Teigprogramm
- Pro Stück ca.: 200 kcal

1 | 370 ml Wasser und die übrigen Zutaten in der angegebenen Reihenfolge in die Backform geben. Bitte die Bedienungsanleitung des Gerätes beachten.

2 | Arbeitsfläche dünn mit Mehl bestreuen. Teig kurz kneten. Backblech mit Backpapier belegen. Teig in 10 Stücke von je 90 g teilen und rundwirken. Teiglinge auf das Blech setzen, leicht mit Mehl bestäuben und 5 Min. ruhen lassen. Dann etwas flach drücken und mit einem Tuch abdecken. 30 Min. an einem warmen Ort ruhen lassen. Ofen auf 200° (Umluft 180°) vorheizen.

3 | Die Teiglinge mit einem Kochlöffelstiel in der Mitte bis fast zum Boden eindrücken. Mit Wasser besprühen oder bestreichen. Im Ofen (Mitte) in 25 Min. goldbraun backen. Dazu schmeckt heiße Schokolade.

im Bild vorne: **Großauheimer Milchbrötchen** *im Bild hinten:* **Effendis Brotstangerl** ➤

für Gäste | für Silvester

Einback

FÜR 11 STÜCK

- **220 ml Milch**
  1 TL Salz | 2 Eigelb
  120 g Butter | 40 g Zucker
  1 TL Bourbon Vanillezucker
  475 g Weizenmehl Type 405
  1 TL Trockenhefe
- **Außerdem:**
  1 Eigelb zum Bestreichen
  Mehl für die Arbeitsfläche

Zubereitung: 20 Min.
Ruhezeit: 25 Min.
Einstellung: Teigprogramm
- Pro Stück ca.: 280 kcal

1 | Die Zutaten in der angegebenen Reihenfolge in die Backform geben. Bitte die Bedienungsanleitung des Gerätes beachten.

2 | Den fertigen Teig entnehmen und kurz kneten. 11 Stücke von je 80 g abteilen, rundwirken. 5 Min. ruhen lassen, anschließend auf 14 cm langstoßen. Die Stücke eng nebeneinander auf ein mit Backpapier ausgelegtes Blech legen. Mit einem Tuch abdecken, 20 Min. ruhen lassen.

3 Backofen auf 200° (Umluft 180°) vorheizen. Einback kurz vor dem Backen mit Eigelb bestreichen. 20–25 Min. backen (Mitte).

- Einback schmeckt phantastisch zum Kaffee oder Tee mit etwas Marmelade. Kinder mögen Einback einfach pur. Ideal auch zum Mitnehmen für unterwegs.

Klassiker

Pizzateig

FÜR 4 PERSONEN

- **1 TL Salz**
  1 TL Zucker
  2 EL Olivenöl
  375 g Weizenmehl Type 550
  2 1/2 TL Trockenhefe

Zubereitung: 25 Min.
Ruhezeit: 25 Min.
Einstellung: Teigprogramm
Timer: möglich
- Bei Pizza für 4 Personen pro Person ca.: 370 kcal

1 | 250 ml Wasser sowie die restlichen Zutaten in der angegebenen Reihenfolge in die Backform geben. Bitte die Bedienungsanleitung des Gerätes beachten.

2 | Teig entnehmen und rundwirken. Teig 5 Min. ruhen lassen. Backblech mit Backpapier belegen. Teig auf Blechgröße ausrollen oder zwei einzelne runde Pizzen formen. Teig 20 Min. ruhen lassen. Ofen auf 200° (Umluft 180°) vorheizen. Pizzateig mit einer Gabel mehrmals einstechen. 8–10 Minuten (Mitte) vorbacken. Wenn sie einen weichen Teig bevorzugen, lassen sie das Vorbacken weg und gehen weiter zu Punkt 3.

3 | Den Teigboden nach Gusto belegen. Pizza im Ofen (Mitte oder eine Einschubleiste höher) 20–25 Min. backen, bis der Käse geschmolzen ist.

- Pizzabelag:
  Den Pizzaboden immer zuerst mit Tomatensauce bestreichen. Als Belag passen: gekochter Schinken, Salami, frische Champignons, Oliven und vieles andere mehr. Den Schluss sollten Mozzarella und einige Tropfen Olivenöl bilden. Wer seine Pizza etwas schärfer liebt, bestreut sie nach dem Backen mit zerstoßenen roten Pfefferschoten.

im Bild vorne: **Pizza** *im Bild hinten:* **Einback**

Glossar

Backblech

Sie können das Backblech einfetten oder Sie verwenden Backpapier bzw. wiederverwendbare Backfolie. Dann ist kein Einfetten nötig.

Backfehler

Überzeugt Sie das Backresultat nicht, ist beispielsweise das Brot eingefallen oder zu stark aufgegangen, ist der häufigste Fehler, dass zu viel Flüssigkeit oder zu viel Hefe verwendet wurde. Bei feuchtem Brot haben Sie eventuell zu viel Flüssigkeit bzw. zu wenig Mehl verwendet. Beachten Sie beim nächsten Backversuch noch exakter die Mengenangaben und wiegen Sie alles (auch die Flüssigkeit) auf einer guten Küchenwaage aus.

Backformen

Als Backform eignen sich Kastenformen aus Glas, Blech, Eisen, Alu, Kastenformen mit Deckel, Stangenbrotbleche, Dosen (Boden mit Dosenöffner entfernen), Backbleche und Tongefäße (Römertopf, Keramikformen, etc.). Sie müssen vor Gebrauch, sofern sie keine Antihaftbeschichtung besitzen, eingefettet oder mit Backpapier ausgekleidet werden. Nur zu zwei Dritteln befüllen, da sich das Teigvolumen noch vergrößert. Die Brotbackautomatenform besitzt eine Antihaftbeschichtung und benötigt daher kein Einfetten.

Backmischungen

Inzwischen sind viele verschiedene Backmischungen im Handel. Meistens enthalten sie schon Hefe und Salz, sodass Sie lediglich noch Wasser dazugeben müssen. Achten Sie bei Backmischungen unbedingt auf Qualität. Auch der Naturkostladen führt Backmischungen. Allerdings: nichts geht über den Geschmack eines selbst gemischten Teiges, machen Sie die Probe!

Brötchenbackmittel

oder Baguettebackmittel. Es kann, muss aber nicht verwendet werden. Wer jedoch Brötchen und Baguettes wie vom Bäcker herstellen möchte, sollte es damit unbedingt einmal probieren. Das Backmittel verbessert wesentlich die Teigstruktur, sowie Geschmack und Kruste des Gebäcks.

Gärkörbchen

Damit das Brot beim Aufgehen seine Form behält und im Ofen nicht zu flach wird, verwendet man Gärkörbchen. Mit Mehl ausgestreut verleihen sie dem Brot ein dekorativ rustikales Muster. Der Brotteig kann bei Verwendung eines Gärkörbchens weicher geführt werden, das Brot wird dadurch lockerer und größer. Gärkörbe können aus Roggenstroh, Peddigrohr oder aus lebensmittelechtem Plastik bestehen. Die Gehzeit in einem Gärkörbchen beträgt in der Regel 30 Min. Wenn Sie kein Gärkörbchen haben, können sie auch einen kleinen Weidenkorb mit weiter Öffnung mit einem sauberen Baumwoll- oder Leinentuch auslegen, dieses dünn mit Mehl bestreuen und darauf den Brotlaib legen.

Klopfprobe
Bei einem im Backofen gebackenen Brot wird mit Hilfe der Klopfprobe ermittelt, ob es durchgebacken ist. Dazu müssen Sie zum Ende der Backzeit das Brot mit Handschuhen aus dem Ofen herausnehmen, umdrehen und mit dem Fingerknöchel auf den Brotboden klopfen. Wenn der Ton dumpf klingt, ist das Brot noch zu feucht. Die Backzeit etwa um 10 Min. verlängern. Klingt es hohl, ist das Brot fertig gebacken und kann auf einem Rost auskühlen.

Lecithin
Lecithin ist ein natürlicher Emulgator. Mit Lecithin versetzte Brote, besonders Vollkornbrote, gehen besser auf, werden lockerer, größer und bleiben länger frisch. Ihre Krume ist zarter und weicher. Lecithin erhalten Sie im Spezialhandel (s. Impressum).

Mehltypen
Die Mehle werden je nach Ausmahlungsgrad in Mehltypen unterschieden. Die Typenzahl gibt an, wie viel Milligramm Mineralstoffe (Asche) in 100 g Mehl enthalten sind, wenn das Mehl verbrannt wird. Je höher die Typenzahl ist, um so mehr Vitamine, Ballast- und Mineralstoffe sind im Mehl enthalten, und um so dunkler und schwerer werden die daraus gefertigten Teige. Sie können sich das Getreide im Bioladen oder im Reformhaus frisch mahlen lassen. Bewahren Sie das Mehl gut verschlossen, kühl und dunkel auf und verbrauchen Sie es innerhalb der nächsten vier Wochen.

Roggenmalz
Roggenmalz ist dunkel geröstetes Malz und dient zur Verbesserung des Brotgeschmacks sowie einer dunkleren Krumenfärbung.

Weizenkleber (Gluten)
Weizenmehl enthält im Vergleich zu fast allen anderen Mehlen (Dinkel ausgenommen) einen bestimmten Eiweißstoff, einen Kleber, auch Gluten genannt, der optimale Backeigenschaften aufweist. Gluten ist dafür verantwortlich, dass im Teig eine Art Gerüst entsteht, in dem sich die durch Triebmittel (z. B. Hefe) entstehenden Gasbläschen festsetzen. Dadurch entstehen im Teig feine Poren und eine lockere Krume, das Gebäck geht höher auf, wird lockerer und dadurch auch besser verdaulich.

Weizenmalzschrot
Mit Weizenmalzschrot wird der Geschmack von Brot und Brötchen verbessert und das Gebäck schmeckt lecker malzig. Es tritt keine Dunkelfärbung ein wie bei der Verwendung von Roggenmalz.

Weizensauerteig
Weizensauerteig ist ein natürliches Lockerungsmittel. Fügen Sie bei der Zubereitung des Weißbrotteigs 30–50 g Weizensauerteig hinzu. Machen Sie dann aber unbedingt einen Teigcheck. Die Brote schmecken mit Weizensauerteig nicht nur besser, sondern bleiben auch länger frisch, werden lockerer.

Zum Gebrauch
Damit Sie Rezepte mit bestimmten Zutaten noch schneller finden können, stehen in diesem Register zusätzlich auch beliebte Zutaten wie **Dinkelmehl** oder **Sonnenblumenkerne** – ebenfalls alphabetisch geordnet und **halbfett** gedruckt – über den entsprechenden Rezepten.

A

Aprikosenbrot 29
Arme Ritter 30

B

Backfehler (Glossar) 58
Backformen (Glossar) 58
Backmischungen (Glossar) 58
Bagels 49
Baguette (Variante) 36
Bananen: Joghurt-Bananen-Brot 30
Brioche 30
Brötchen 47
Brötchenbackmittel (Glossar) 58
Brotgewürz (Warenkunde) 8
Buchweizen-Sonnenblumen-Brot 16
Buttertoast 13

D

Dattelbrot mit Rosinen 26
Dinkelmehl (Warenkunde) 8
Dinkelmehl
Dinkel-Quark-Brot 16
Effendis Brotstangerl 54
Kürbiskernbrot 43
Mehrkornbrötchen 50
Vollkornbrot 43
Dinkel-Quark-Brot 16
Dinkelschrot
Schrot- und Kornbrot 40
Vollkornbrot 43
Dinkelvollkornbrot (Variante) 43

E

Effendis Brotstangerl 54
Einback 56

F

Fetabrot mit Oliven 20
Fladenbrot (Variante) 20
Fränkischer Bauernlaib 38
Französisches Brot 36
Frischkäse: Kräuterbutterbrot 14
Frühstückshörnchen 50

G

Gärkörbchen (Glossar) 58
Gluten (Glossar) 58
Großauheimer Milchbrötchen 54

H

Halloween-Kürbisbrot 24
Hefe (Theorie) 7
Hüttenkäse-Mais-Brot 20

I

Ingwer
Halloween-Kürbisbrot 24
Kürbisbrot 24
Italienisches Tomatenbrot 23

J

Joghurt-Bananen-Brot 30

K

Kartoffelbrot 13
Kassler im Brotteig 40
Klopfprobe (Glossar) 58
Kräuterbrot 38
Kräuterbutterbrot 14
Kümmelbrot 36
Kürbis: Halloween-Kürbisbrot 24
Kürbisbrot 24
Kürbiskernbrot 43

L

Landbrot 40
Lecithin (Glossar) 58
Leinsamen (Warenkunde) 8

M

Maiskörner: Hüttenkäse-Mais-Brot 20
Maismehl: Kürbisbrot 24
Mandeln: Aprikosenbrot 29
Mehrkornbrötchen 50
Mozzarella: Italienisches Tomatenbrot 23
Müslibrot 29

N

Nussstreifen (Variante) 44

O

Oliven: Fetabrot mit Oliven 20
Orientalischer Kuchen (Variante) 26

P

Partysonne 52
Pizzateig 56

Q
Quark: Weizenlandbrot 47

R
Räucherlachsbrot 23
Roggenmalz (Glossar) 58
Roggenmehl (Warenkunde) 8
Roggenmehl
Effendis Brotstangerl 54
Fränkischer Bauernlaib 38
Kümmelbrot 36
Landbrot 40
Mehrkornbrötchen 50
Partysonne 52
Roggenmischbrot 33
Rustikales Landbrot 34
Sonnenblumenbrot 34
Walnussbrot 44
Weizenlandbrot 47
Weizenmischbrot 33
Rosinen
Dattelbrot mit Rosinen 26
Rosinenbrot 26
Rustikales Landbrot 34

S
Sandwichbrot 18
Sauerteig (Theorie) 7
Schinken: Effendis Brotstangerl 54
Schmand-Körnerbrot 24
Schokoladen-Brioche (Variante) 30
Schrot- und Kornbrot 40
Schwäbische Seelen 52
Sonnenblumenbrot 34
Sonnenblumenkerne
Buchweizen-Sonnenblumen-Brot 16
Schmand-Körnerbrot 24
Sonnenblumenbrot 34
Thalhausener Jägerbrot 18
Sprossen (Warenkunde) 8
Sprossenbrot 14

T
Thalhausener Jägerbrot 18
Tomaten: Italienisches Tomatenbrot 23

V
Vollkornbrot 43
Vollkornmehl
Dinkel-Quark-Brot 16
Dinkelvollkornbrot (Variante) 43
Effendis Brotstangerl 54
Kürbiskernbrot 43
Rustikales Landbrot 34
Schrot- und Kornbrot 40
Vollkornbrot 43
Vollkornmehle (Warenkunde) 8
Vollkornschrot (Warenkunde) 8

W
Walnussbrot 44
Weißbrot (Grundrezept) 6
Weizenlandbrot 47
Weizenmehl (Warenkunde) 8
Weizenmischbrot 33
Wursthörnchen (Variante) 18

Z
Zwiebelbrot 44

Temperaturstufen

Die Temperaturstufen bei Gasherden variieren von Hersteller zu Hersteller. Welche Stufe Ihres Herdes der angegebenen Temperatur entspricht, entnehmen Sie bitte der Gebrauchsanweisung.

Die Autorin

Ellen A. Harich lebt mit ihrem Mann und zwei Golden Retrievern bei München. Neben Jagen, Hundetraining, Amateurfunk und Patchwork ist das Brotbacken eine weitere Passion von ihr. Herzlichen Dank an alle Testesser, die die Brote probieren, bewerten und verbessern halfen.
Vielen Dank an Frau Pinzer vom Hobbybäcker-Versand für die fachliche Beratung.
Hobbybäcker-Versand,
Inge Pinzer, Am Mühlholz 6,
89287 Bellenberg,
Tel. 07306/925909,
Fax 07306/925905
www.hobbybäcker.de

Der Fotograf

Michael Brauner arbeitete nach Abschluss der Fotoschule in Berlin als Fotoassistent bei namhaften Fotografen in Frankreich und Deutschland, bevor er sich 1984 selbstständig machte. Sein individueller, atmosphärereicher Stil wird überall geschätzt: in der Werbung ebenso wie bei vielen bekannten Verlagen. In seinem Studio in Karlsruhe setzt er die Rezepte zahlreicher GU-Titel stimmungsvoll ins Bild.

Bildnachweis

Alle Fotos: Michael Brauner, Karlsruhe.

Programmleitung:
Doris Birk
Leitende Redakteurin:
Birgit Rademacker
Redaktion:
Stefanie Poziombka
Lektorat: Bettina Bartz
Layout, Typografie und Umschlaggestaltung:
Independent Medien Design, München
Satz:
Uhl + Massopust, Aalen
Herstellung: Gloria Pall
Reproduktion:
Repro Ludwig, Zell am See
Druck und Bindung:
Kaufmann, Lahr

ISBN(10) 3-7742-6538-0
ISBN(13) 978-3-7742-6538-7

3. Auflage 2007

GRÄFE UND UNZER

Ein Unternehmen der
GANSKE VERLAGSGRUPPE

100 JAHRE GANSKE VERLAGSGRUPPE

DAS ORIGINAL GU MIT GARANTIE

Das Original mit Garantie

Ihre Meinung ist uns wichtig. Deshalb möchten wir Ihre Kritik, gerne aber auch Ihr Lob erfahren. Um als führender Ratgeberverlag für Sie noch besser zu werden. Darum: Schreiben Sie uns! Wir freuen uns auf Ihre Post und wünschen Ihnen viel Spaß mit Ihrem GU-Ratgeber.

Unsere Garantie: Sollte ein GU-Ratgeber einmal einen Fehler enthalten, schicken Sie uns das Buch mit einem kleinen Hinweis und der Quittung innerhalb von sechs Monaten nach dem Kauf zurück. Wir tauschen Ihnen den GU-Ratgeber gegen einen anderen zum gleichen oder ähnlichen Thema um.

GRÄFE UND UNZER VERLAG
Redaktion
Kochen & Verwöhnen
Postfach 86 03 25
81630 München
Fax: 089/41981-113
e-mail: leserservice@graefe-und-unzer.de

Geling-Garantie für das Backen im Automat

TEIGCHECK

- 5–10 Min. nach Start des Programms prüfen, ob sich eine elastisch glänzende Teigkugel bildet. An der Backformwand haftende Zutatenreste vorsichtig mit einem weichen Teigschaber herunterschieben, damit sie sich mit dem Teig vermischen. Nach Bedarf esslöffelweise Mehl oder Wasser dazugeben. Auf das Rührgeräusch achten.

BACKFORM REINIGEN

- Klebrige Teigreste in der Backform antrocknen lassen. Dann mit der Hand vorsichtig auswischen. Knethaken und Backform nur mit klarem Wasser reinigen. Krümel und Mehlreste, die neben die Backform in den Automat gefallen sind, mit dem Staubsauger regelmäßig heraussaugen. Gerät vorher auskühlen lassen!

BACKTRICKS

- Zum Besprühen der Brote und Brötchen mit klarem Wasser vor dem Backen ist ein Zerstäuber ideal. Die Außenhaut des Brotes erhält durch das Befeuchten mehr Elastizität, reißt nicht und bekommt einen schönen Glanz. Aufgestreute Kerne bleiben so auf ihrem Platz.

TEIGENTNAHME

- Nach Beendigung des Teigprogramms etwas Mehl auf die Teigoberfläche streuen. Mit einem Stielteigschaber aus weichem Plastik rundherum den Teig lösen, indem Sie vorsichtig bis zum Boden der Form schaben. Anschließend einfach den Teig herausstülpen.

HERZHAFTES AUS ALTBACKENEM BROT

Trocken gewordenes Brot wegwerfen? Keineswegs – und erst recht nicht, wenn es aus dem eigenen Ofen stammt. Im Handumdrehen wird daraus eine neue Leckerei!

BROTSALAT MIT TOMATEN UND KÄSE

Für 4 Personen: 250 g altbackenes Brot (nach Belieben) grob würfeln. In einer Pfanne trocken anrösten, 3 EL Olivenöl dazugeben und das Brot unter Wenden rundherum knusprig braten. In eine Schüssel füllen. 250 g bunte Kirschtomaten waschen und halbieren. 1 rote Zwiebel schälen und in Streifen schneiden. 75 g schwarze Oliven (entsteint) grob hacken. 125 g Büffel-Mozzarella trocken tupfen und in Stücke zupfen. Aus 4 EL Sherryessig, 2 TL Dijonsenf, 1 TL Honig, 6 EL Olivenöl, Salz und Pfeffer ein Dressing rühren. Mit allen Salatzutaten vermischen und 10 Min. ziehen lassen. 20 klein gezupfte Basilikumblätter und 40 g gewaschenen und trocken geschüttelten Rucola locker untermischen. Sofort servieren.

BROTAUFLAUF MIT LAUCH UND BERGKÄSE

Für 4 Personen: 400 g altbackenes Brot (nach Belieben) in Scheiben schneiden und im Toaster knusprig rösten. 600 g Lauch (nur das Weiße und Hellgrüne) putzen, waschen und in 10 cm lange Stücke schneiden. In Salzwasser 2 Min. dünsten, herausnehmen und abtropfen lassen. Den Ofen auf 200° vorheizen. Eine Auflaufform mit Butter einfetten. 125 g Bergkäse grob reiben. 5 Eier (M), 200 g Sahne, 200 ml Milch, etwas Salz, reichlich Pfeffer und 1 Prise Muskatnuss verquirlen. 1 kleine Knoblauchzehe schälen und dazupressen. Das Brot und den Lauch in die Auflaufform schichten und mit der Eiersahne begießen. Mit 2 TL frischen Thymianblättchen und dem Käse bestreuen. Im Ofen (Mitte) in 25–30 Min. goldgelb backen.

Appetit auf mehr?

ISBN 978-3-8338-4125-5

ISBN 978-3-8338-5827-7

ISBN 978-3-8338-5886-4

ISBN 978-3-8338-5334-0

ISBN 978-3-8338-6162-8

ISBN 978-3-8338-5013-4

Alle hier vorgestellten Bücher sind auch als eBook erhältlich.

Willkommen im Leben.

Mehr von GU auf **www.gu.de** und
facebook.com/gu.verlag